獻給我愛上的第一本書——《蘇西小姐》（*Miss Suzy*）

一本關於一隻松鼠流離失所、四處為家的故事；

作者是米利安・楊，繪者是阿諾・羅北兒。

每個人總該努力去成為「什麼」

小時候，我們總對「未來的自己」充滿想像，作文簿上也不斷書寫著「我的志願」、「我的夢想」……然後呢？多少人實現了當初的夢想？

反過來問，在生命的長路中，究竟是哪條岔路，讓原本對未來充滿想像的你我，走偏了原本設定好的目標？

在帶領孩子閱讀與寫作時，我常和孩子說「不是每個人都要成為作家，但每個人，總該努力去成為『什麼』」。每位作家的生命經歷大不相同，J‧K‧羅琳在領救濟金的日子裡完成了《哈利波特：神祕的魔法石》；《時間的皺褶》被二十六家出版社退稿……這一次又一次的挫折，只要一次放棄，就沒有後面的故事。

看出來了嗎？無論是夢想成為「作家」或其他的「什麼」，生命都是一篇充滿可能性的故事。不管是書中的哪位人物，都不是成為作家之後才開始閱讀與寫作，他們雖處於不同的時空背景，對世界卻同樣充滿好奇、熱情與想像，所以他們「寫」了下來。就像以籃球運動朝向「籃球選手」、以表演朝向「明星」前進一樣，作家們以「寫作」蓄積能量，推動生命的故事，朝向「作家」之路。

《在他們成為世界知名作家之前》不只人的故事精采，附帶的書單也是本本經典，不僅適合低年級學生閱讀，精準的說，所傳遞的內涵，更適合對自我探索開始有所概念的中高年級以上青少年，並嘗試從不同的閱讀視角來切入：

1. 想一想，為什麼選擇「作家」這份職業或稱號，作為本書中集體概括的討論對象？「作家」的身分除了是寫作的人、出版書籍的人，還被賦予何種深層的意義等待被發掘？

2. 以宏觀的角度來看：這十位作家有何代表性？是呈現「作家」之路上，存在某些共同的元素？還是呈現成為「作家」之前，豐富的多元性？

3. 以微觀的角度來看：作家們的生命史為何？他們怎麼走到「作家」這個位置？他們所生長的時代，對於他們的性別、國籍、種族、教育等因素，有著什麼影響？這些影響是成為作家的助力還是阻力呢？

4. 以人物的時間線來看：他們走到「作家」這個位置後就停住了嗎？在成為作家後，乘著「作家」稱號的翅膀，又飛到了哪兒？看見什麼樣的風景？

5. 以作品的時間線來看：他們的著作對當時或後來的世界產生了什麼影響？如果J‧K‧羅琳沒有寫出「哈利波特」系列、馬克‧吐溫沒有寫出《頑童歷險記》，我們的世界將會是怎樣？

也許你還有更多不同的閱讀視角，我相信這將會是本書所希望達到的效應之一。

——李威使（閱讀推手）

給中小學生的圖文傳記

在他們成為世界知名作家之前

那些你意想不到的成長抉擇

文·圖／伊莉莎白·海德
翻譯／呂奕欣

成為作家的條件是什麼？

許多人很好奇，暢銷作家的背後有什麼故事……

書架上是不是堆滿一流的書籍？是不是邊閱讀莎士比亞的作品，邊聆聽莫札特的音樂？還是放學後吃的點心有什麼奧祕？

其實，每個作家所走的路都不一樣。有人剛會握筆就開始寫，有人則是經歷過其他工作的不順遂，才踏上寫作之路。有的作家構想出看不見的世界，有的作家則是把生活中的平凡瑣事改造一番。

有時，紙上的文字幫助他們抒發生活的苦悶，例如生病、孤獨、轉學，或摯愛的人離世。許多人透過寫作，發現與他人通力合作的快樂，例如和朋友一起把故事演出來，或在學校販賣自己製作的漫畫書。

但是這些作家的人生有幾條共同的軌跡。他們熱愛閱讀，若不是家中塞滿了書，就是把圖書館當作第二個家。

持續書寫扮演了關鍵的角色，雖然他們不一定都寫故事。有幾位作家是寫信或寫日記，有些則是悄悄寫下密碼。

有決心和毅力非常重要。通往成功的道路向來不平坦，要勇敢撐過最辛苦的歲月，往往需要良師益友的鼓勵。多數作家都經歷過被退稿的打擊，也有作家好不容易等到作品出版，書卻遭禁。許多作家甚至經常得在白天從事別的工作，才能支付日常開銷，並趁著清晨或深夜寫作。

畢卡索曾說過創作欲的共同點：

每個孩子都是藝術家。

問題在於——

如何在長大後還能繼續保持。

別忘了，所有的名作家都曾只是平凡的孩子。但他們認為，一定要寫故事，日子才過得下去。

目次

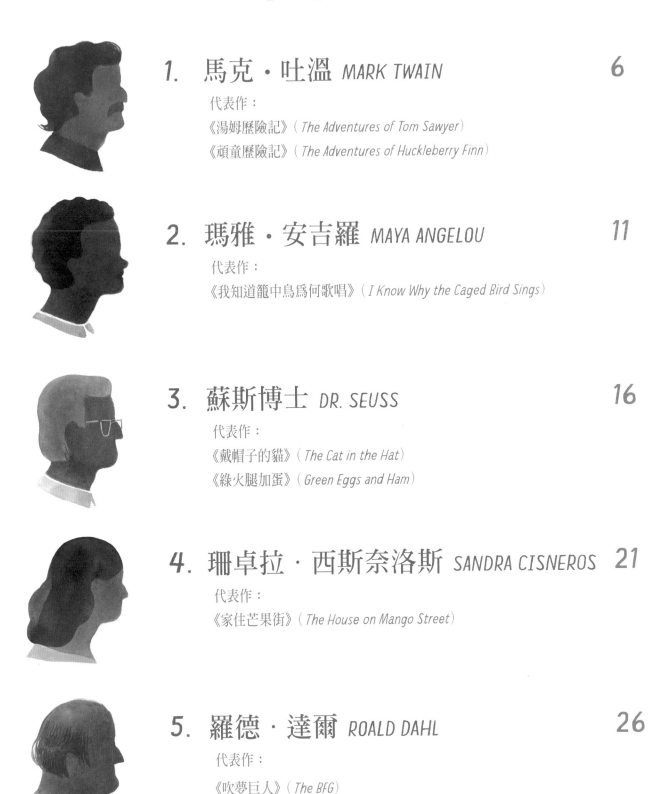

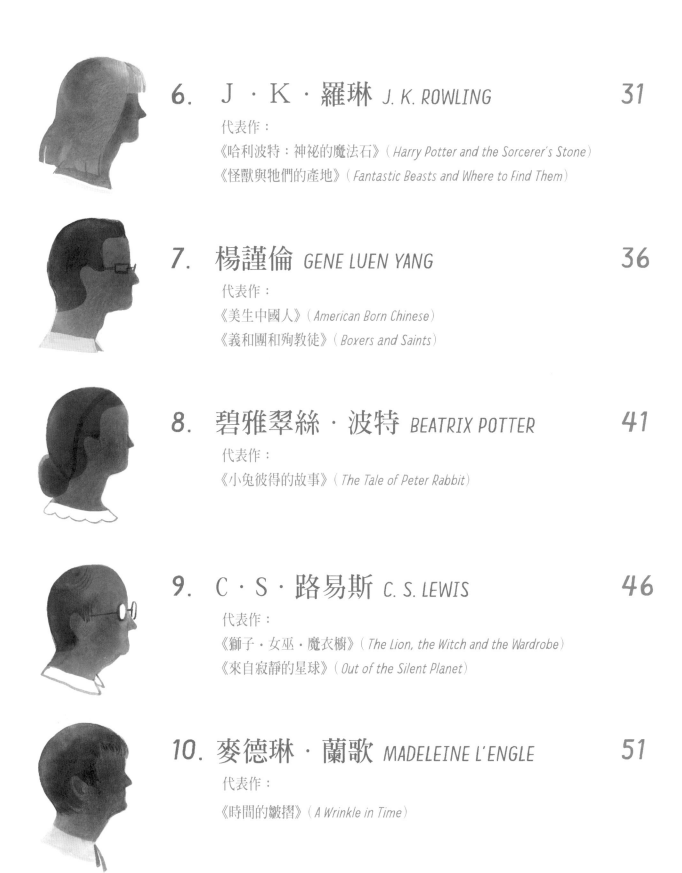

「我聽見外頭的森林有一種聲音。那是鬼發出的聲音，想訴說內心的話，卻沒人聽得懂。因此它無法在墓中安息，只能夜復一夜那樣發聲，悲哀不已。我覺得既沮喪又害怕，多希望有人陪伴。」

——《頑童歷險記》

馬克·吐溫 MARK TWAIN

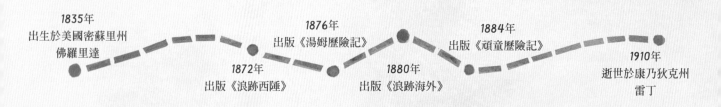

1835年
出生於美國密蘇里州
佛羅里達

1872年
出版《浪跡西陲》

1876年
出版《湯姆歷險記》

1880年
出版《浪跡海外》

1884年
出版《頑童歷險記》

1910年
逝世於康乃狄克州
雷丁

馬克·吐溫出生時，哈雷彗星恰好劃過夜空。七十五年後，哈雷彗星回歸，馬克·吐溫的人生也畫下句點。他的本名叫山繆·克萊門斯，馬克·吐溫則是筆名。他是美國第一位躋身名流的作家，但在這之前曾做過許多工作，事業並不順遂。

山繆四歲時，舉家搬遷到密西西比河邊的南方小鎮。

那一帶的風景與居民，在他心中留下深刻的印象，因此他的知名作品多以這裡爲背景。

從小，山繆就是個麻煩人物。年幼時的他體弱多病，總令父母操心；等到身體強健了，又因爲其他因素讓父母煩惱。他曾蹺課去找最適合游泳的水塘，有九次差點溺死。他更是個貪玩的孩子，調皮搗蛋的事蹟不勝枚舉，像是在洞穴迷路，或是在教堂惡作劇。

在小男孩山繆的眼中，小鎮上的生活並非一派恬靜……

當時，在密蘇里州蓄奴仍是合法。有一回釣魚時，山繆竟發現逃跑奴隸溺斃的屍體。諸如此類虐奴的殘忍行徑，激發山繆日後在作品中討論正義。

山繆的父親因肺炎病逝，家中為了還債，必須變賣家具，並出租房間讓人寄宿。山繆和兄弟也得去找工作，童年生活戛然而止。

山繆十二歲時住進印刷匠的家裡，成為印刷廠學徒。

他努力工作換取食宿，每天的工作時間雖然很長，但把數以百計的文字放進鑄印盤的任務，讓他的字彙能力大幅提升。

十五歲時，山繆離開學校，在哥哥的報社工作。哥哥不在鎮上時，山繆就當起「客座編輯」，用假名寫下誇張的故事。雖然沒有繼續上學，但下班後的他仍會到附近的圖書館自學。

山繆十七歲時離開家，尋找出路，見見世面。他嘗試過許多工作，像是記者、伐木工、輪船領航員和政治倡議人士，可惜工作運不佳；也曾從軍兩個星期，並得到靈感，寫下短短的回憶錄《一場敗仗的私密史》。

他四處找尋人生的目的與安穩的生活，在二十年間，做過各種短期的差事。

快跑！

我實在疲於撤退，無法勝任軍職。

他曾與哥哥前往內華達領地，打算挖取銀礦卻沒能如願發財，反而落得一貧如洗。不過，他得到更有價值的東西。他碰巧結識一名礦工，這人什麼都要賭，連青蛙也不放過，山繆從中得到寫作靈感。

《卡拉維拉斯縣馳名的跳蛙》成為他的出道作品，1865年首度刊載於《紐約週六報》。由於大受歡迎，後來全國各地的報紙都重新刊登過。山繆最後配上插畫，出版了這本書。

山繆曾用過伊帕米諾達斯‧亞卓拉斯特斯‧伯金斯、湯瑪斯‧傑弗遜‧斯諾德葛拉斯等筆名，後來決定採用馬克‧吐溫。這原是渡河船隻使用的專有名詞，意思是「足以讓船隻通過的水深」。

山繆靠著幽默風趣的遊記享譽國際，在許多國家都有書迷。他把故事集結成冊，出版了《浪跡西陲》與《浪跡海外》。

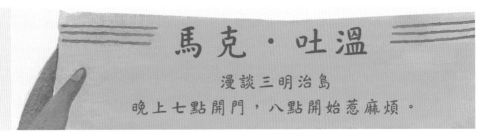

為了宣傳作品，山繆到處巡迴演講，群眾蜂擁而至，想一睹這位大作家的風采。

馬克‧吐溫

漫談三明治島

晚上七點開門，八點開始惹麻煩。

《湯姆歷險記》是山繆第一本為孩子寫的小說，靈感來自在南方度過的童年，一推出就引起轟動，吸引各年齡層的讀者。

他將鄰居與親戚塑造為英雄、惡人與旁觀者。故事以河畔小鎮為背景，納入許多山繆喜愛的事物，例如輪船、洞穴和釣魚的池塘；主題來自他的童年回憶，包括惡作劇、熱愛大自然，以及憎惡奴隸制度。

「他沒有知識，不愛乾淨、有一餐沒一餐……卻是唯一一個真正不必依賴任何事物的人……因此他心平氣和、笑口常開，令我們欣羨不已。」

《頑童歷險記》是從孩子的眼光，描述逃跑奴隸的故事。

山繆的名氣越來越大，也結識許多知名人物，例如有遠見的發明家尼古拉・特斯拉。兩人常在特斯拉的實驗室見面。

積極推動身心障礙者福利的聾盲瘖啞作家海倫・凱勒，在年輕時就認識山繆，兩人成為密友，經常通信。

山繆論年紀：「若人出生時是八十歲，慢慢朝十八歲前進，那麼日子會快樂得多。」

上了年紀的山繆依然繼續演講，還多了「公共道德家」與「政治哲學家」的頭銜。後來沒有力氣到處走時，山繆就躺在床上寫自傳。

即使臨終前，山繆仍不忘逗趣的風格。他要求在死後一百年才能印行回憶錄，這樣他就會是史上唯一一個連續三世紀都有暢銷書出版的作家。

山繆深信，寫作必須講究精準。他主張：

接近正確的字與正確的字之間，存在重要的差異。

兩者的差別，就像螢火蟲與閃電的不同。

「對南方的黑人女孩來說，若成長是痛苦的，那麼察覺到自己流離失所，就是抵在喉嚨上那把剃刀的鏽痕。」

——《我知道籠中鳥為何歌唱》

瑪雅·安吉羅 MAYA ANGELOU

1928年
出生於美國密蘇里州聖路易斯

1969年
出版自傳《我知道籠中鳥為何歌唱》

1971年
出版詩集《在我死去之前，給我一杯冰水》

1974-2013年
出版六本回憶錄，最後一本為《媽與我與媽》

2014年
逝世於北卡羅來納州溫斯頓薩勒姆

瑪雅·安吉羅三歲時父母離異，她和哥哥被送往另一座城市。她的手腕上掛有一個寫著她出生時名字——瑪格麗特的牌子。

她和祖母住在南方的阿肯色州，得重新花時間適應新的生活。小學時，她曾在教堂朗誦一首詩，然而剛開始那幾行就念得結結巴巴，最後又忘了結尾。她衝出大門，一路哭著回家。這害羞的女孩雖然有上臺恐懼症，但終有一天，她將在眾人面前演出。

隨著年齡增長，瑪格麗特變得不一樣了（她在舞臺生涯剛起步時，用的是孩提時代的暱稱「瑪雅」）。小時候的她從未想過，有一天會從事需要勇氣與自信的工作：她擔任過電車司機、舞者、歌手、演員與演說者。

瑪雅自幼就學到，不只要活下去，還要活得精采。她在喜愛的人、事、物上得到慰藉。

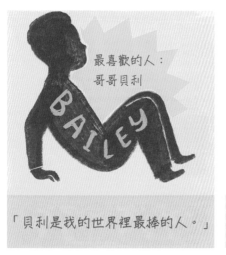

最喜歡的人：
哥哥貝利

「貝利是我的世界裡最棒的人。」

最愛吃的點心：
鳳梨

「我愛吃鳳梨，愛到瘋狂。」

最愛的音樂：爵士

「我能鑽進音符間的空隙，毫不在乎孤獨。」

七歲時，和母親待在聖路易斯的瑪雅，卻碰上了嚴重的傷害，導致她整整五年不願開口說話。

幸好瑪雅的生命中出現多位堅強的女性，母親薇薇安是個力量強大的盟友，猶如……

祖母韓德森則是個開商店的精明生意人，仁慈又有毅力，更是社群中的支柱。

「威力十足的旋風。」

爬上又滑落彩虹的繽紛色彩。」

祖母

鄰居柏莎·傅勞爾斯女士學富五車，是瑪雅的良師益友。她每個星期都邀請瑪雅到家裡喝茶，讓她抱著一大堆書回家，瑪雅因而愛上在書頁間跳舞的文字。她開始背誦並朗讀喜愛的詩作，重新發現如何運用自己的聲音，也喜歡作家談到她熟悉的絕望感與希望。

狄更斯《雙城記》

DICKENS
tale of two cities

edgar allan POE
（愛倫·坡）

Frances Harper
（弗朗西絲·哈珀）

JESSIE FAUSET
（傑西·弗塞特）

the Merchant of VENICE
Shakespeare
莎士比亞《威尼斯商人》

在斯坦普斯度過的歲月，我認識了莎士比亞，愛上他的作品。

十四歲時，瑪雅和哥哥搬到舊金山與母親同住，並獲得加州勞工學校戲劇與舞蹈獎學金。她深深迷戀上這座城市的燈光、纜車穿梭的山丘和在母親家中出入的人。家中唱盤播放的響亮爵士樂，成為時時存在的背景。

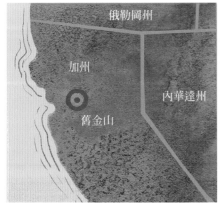

俄勒岡州

加州

內華達州

舊金山

母親薇薇安教導瑪雅勇敢追求目標，遇到任何障礙都要設法克服。瑪雅十六歲時，成為第一位黑人女性電車駕駛，母親十分擔心她的安危，無論瑪雅開哪一條電車路線，薇薇安都會坐在乘客座位，攜帶槍枝以防萬一，即使凌晨四點也不例外。

瑪雅做過許多不同的工作，變換過諸多身分。

她曾在音樂劇電影《卡力騷舞的熱潮》中演出。

參與黑人民權運動，負責募款與統籌。

擔任美國在埃及和迦納的駐外記者與報紙編輯。

知名作家與詩人詹姆斯·鮑德溫對瑪雅說故事的技巧印象深刻，邀她出版自傳。起初瑪雅一笑置之，但後來聽說對作家而言，自傳是最困難的寫作挑戰，因此爆發鬥志。她寫了兩年，出版《我知道籠中鳥為何歌唱》，旋即登上暢銷書排行榜，並持續好幾年。

瑪雅靠著記錄自身經驗，療癒過往傷痛。她寫下自傳與六本回憶錄，也曾為戲劇和電視節目寫劇本。

瑪雅需要專注時，會投宿旅館，取下牆上的圖片，躺在床上，在黃色的大筆記本上書寫。

她樂於和世界分享故事，因而結識作家、運動人士和政治領袖。知名主持人歐普拉·溫芙蕾就視瑪雅爲精神導師。

詹姆斯·鮑德溫 JAMES BALDWIN

小馬丁路德·金恩博士
DR. M. L. KING JR.

歐普拉·溫芙蕾 OPRAH WINFREY

瑪雅說過：「教學相長，施比受更有福。」她也身體力行這些道理。當年在教堂沒辦法把詩念完，總是哭喪著臉的小女孩長大了，她站在白宮，向全世界朗誦詩作。

眼前的世界打開，你有空間踏出改變的步伐。美好的一天生氣蓬勃，你會有勇氣抬頭仰望。

「看我！看我！快看我！開心玩耍很過癮，但得知道怎麼做。」
——《戴帽子的貓》

蘇斯博士 DR. SEUSS

1904年
出生於美國麻州
春田

1957年
出版《戴帽子的貓》
與《鬼靈精》

1960年
出版《綠火腿
加蛋》

1971年
出版《羅雷司》

1990年
出版《你要前往
的地方》

1991年
逝世於加州拉霍亞

「我畫圖時，沒辦法按照東西的外觀畫出來，我是畫出東西的靈魂。」

希奧多·蘇斯·蓋索出生於美國麻州春田。

這個男孩長大後，將以這句格言，讓幼兒閱讀的領域改頭換面：

工作少一點，樂趣多一點！

大家叫他泰德，童年是他不願想起的時光。泰德和姊姊是德國人的後代，在第一次世界大戰期間，由於美國和德國敵對，姊弟倆成了同學欺負的對象。

直到父親當上公園園長，他們的日子才好過一點。他們常造訪森林公園動物園，泰德常以誇張的筆法，畫出動物的模樣。

姊姊曾取笑他，泰德一氣之下，在姊姊的臥房牆壁上畫滿動物。

在學校，沒有人欣賞他的畫作。美術老師曾說：

我看你永遠都別想學會畫畫，這學期的美術課不必上了。

哈 哈 哈

泰德把這些批評化為福氣。他從未放棄畫畫，因為缺乏正式的美術教育，久而久之，反倒發展出獨特的「蘇斯風格」。

既然畫不好，乾脆接受自己樸拙、特殊的畫風，好好發展。

泰德讀大學時曾擔任幽默雜誌《南瓜燈》的編輯，也為雜誌畫插圖。在漫畫作品中出現的某些角色，日後成為他童書作品中的主角。他主修文學，原本打算成為教授，但有一天，一個同學認為他的規畫並不適當，泰德不僅聽從建議，還娶了她為妻。

那隻飛牛真好看！你是瘋了才想當教授。

你應該好好畫圖。

他試過很多筆名，最後才決定採用「蘇斯博士」。

泰德為除蟲公司畫廣告插圖時，把害蟲畫得活靈活現，因而聲名大噪。他會開始畫童書，完全是意料之外的契機。某天，他在搭船渡海時，聽見引擎發出獨特的節奏，於是韻文故事開始在他腦海中舞動。

哼嗯噠咚……轟嗯吧噠……咚噠咚……

NOW, WHAT CAN I SAY WHEN I GET HOME TODAY?
（今天回家，該說什麼話？）

於是，他寫下《我在桑樹街上看見什麼》，書名乃源自於家鄉的某個地方。這本書被退稿二十五次，讓泰德幾乎死心；幸好，他在街上巧遇在先鋒出版社擔任編輯的朋友，當天就與泰德簽訂這本書的出版合約。

二次世界大戰爆發後，泰德開始畫政治漫畫，譴責法西斯主義。後來他加入軍隊，擔任動畫部門主管，發揮才能製作許多幽默的訓練影片給新兵觀看。

戰後，泰德與妻子合作推出電影《五千魔指》，主角是個瘋狂的音樂教師和一百五十名戴著五指帽的學生。

泰德開始找時間寫童書，在這些戰後的作品中，增加了教育意義。

保育

包容

平等

泰德撰寫的童書備受肯定，但他說童書寫作的難度最高。《戴帽子的貓》裡只用了兩百三十六個不同的字，泰德卻花了一年多的時間，才寫出滿意的作品。

之後推出的作品《綠火腿加蛋》，源自於一場五十美元的賭注。出版商說絕不可能只用五十個字彙來寫書，泰德改了又改，最終寫出一篇關於挑食者和莫名其妙早餐的故事。這本書一上市就造成轟動。

泰德總保持著有趣的外表。宴會中配戴的那些稀奇古怪的帽子，就收藏在隱密的櫃子裡。泰德和妻子沒有孩子，但他們想像出一個大家庭。

他們寄出的聖誕卡上會有孩子們的簽名。泰德還寫了一本書獻給「菊花珍珠（chrysanthemum Pearl）」，那位他想像中最疼愛的女兒。

七十多歲的泰德仍持續創作。他替電視節目寫故事，並寫了搖滾音樂劇。雖然他從未完成寫給大人的小說，但《你只會老一次》在泰德心中，正是一本以大人為讀者而繪製的圖畫書。在他逝世後，好萊塢的星光大道為蘇斯博士鑲了一顆星星，紀念他對影視產業的貢獻。他撰寫繪製的故事直到今天依然受到讀者喜愛，翻譯成超過二十種語言的版本，銷售超過六億本。

《蘇斯博士的小說》

《你只會老一次》

這些數不清的點子是從哪裡來的呢？蘇斯博士開玩笑答道：

「我的點子來自於瑞士，一個靠近富爾卡山隘的地方。那裡有座小鎮叫格萊奇。在格萊奇上方六百公尺處有座小村落，叫做上格萊奇。每年夏天的八月四日，我都會把咕咕鐘拿去那裡修理。而這段期間，我就在附近晃晃，和街上的人聊天，他們是很奇怪的人，我的點子就來自於他們。」

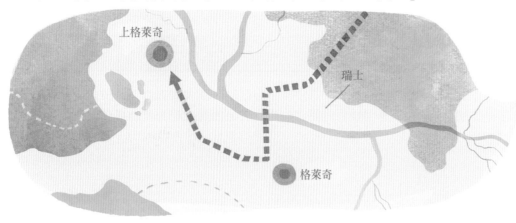

「或許所有的回憶都是說故事的機會，而每一則故事，都讓我們更看清自己。」

——《自己的房子》

珊卓拉・西斯奈洛斯 SANDRA CISNEROS

1954年
出生於美國伊利諾州芝加哥

1980年
出版第一本著作《壞男孩》詩集

1984年
出版《家住芒果街》

1991年
出版《在溪邊呼喊的女子與其他故事》

2015年
出版《自己的房子》

1954年，珊卓拉·西斯奈洛斯出生於美國芝加哥，家中有六個兄弟，她是唯一的女孩。珊卓拉的父親從墨西哥移民至此，常帶著家人回故鄉拜訪親戚。孩子們在家中要說英語和西班牙語兩種語言。

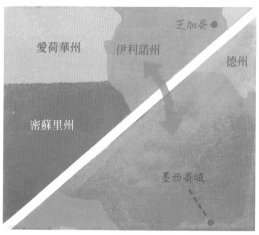

珊卓拉很小的時候就喜歡在書的世界中尋找歸屬感。她記得自己很喜歡一本描述一棟房子無論環境怎麼變化，始終保持原來模樣的圖畫書。

維吉尼亞·李·巴頓《小房子》

起初，珊卓拉只能悄悄寫作。家裡的兄弟很多，要找個安靜的角落並不容易。她喜歡閱讀年代久遠的故事，閱讀時就像到很遠很遠的地方旅行。

芝加哥公共圖書館裡擺滿書的書架與長廊，就像可通往另一個世界的奇妙時光機。

《童話》

《安徒生故事集》

《愛麗絲夢遊仙境》

珊卓拉的母親艾維拉不但喜愛讀書，也喜歡逛博物館，是個善於靠自己學習的人。

她鼓勵珊卓拉運用智慧來探索這個世界。

珊卓拉十歲時寫下第一首詩,但寫作能力並未受到肯定,直到上了高中,才獲得老師的賞識與引導。她喜歡在天黑之後寫作,這樣就不會有人打擾。

我在黑夜寫作,因此父親
叫我吸血鬼小姐。
我無法告訴他,黑夜是屬
於我自己的屋子。

珊卓拉大學畢業後,參加為期兩年的愛荷華作家創作坊,深入學習小說的寫作。起初,她發現自己的成長背景不同於環境較為優渥的同學,因而相當畏懼。她投入許多時間,才找到屬於自己的聲音。

我的同學來自全國最好
的學校,
宛如在溫室成長的美麗
花朵。
我則是在城市縫
隙中生存的枯黃
小草。

最後,她決定寫下貼近內心的事:在相互牴觸的文化中,苦苦尋找身分的認同。珊卓拉寫下自己的童年、同學與城鎮。

後來，珊卓拉搬回芝加哥，在拉美裔非主流高中裡教導曾輟學的學生。

她開始寫書，談論自己的經驗，以及學生們與她分享的人生故事。

這本書就是《家住芒果街》，一本「真實的小說」。

書中大膽描寫性別不平等和文化弱勢族群所面臨的挑戰。出乎意料的是，這本書在墨西哥裔美國人的社群之外，也引起廣泛的共鳴。

珊卓拉繼續教學，許多有志於寫作的人，都想聽聽她的想法。

珊卓拉在不同文化的交疊中成長，學會以兩種方式看待世界。創作時更結合英語與西班牙語兩種語言，為作品增加節奏與趣味。

「我逃過了法律之口。我是女惡棍，是當局最想逮捕的公敵。我咧嘴而笑的快樂臉龐，出現在牆上。」

通緝

她繼續出版更多著作，包括散文集、詩、短篇故事和幾部小說。

現在的珊卓拉獨居，把家當做「寫作聖所」。有人問：「為什麼不生個孩子呢？」

「我沒見過哪個結了婚的人，像獨居的我一樣快樂。作品就是我的孩子，我不希望其他事物干擾我們。」珊卓拉這樣回答。

珊卓拉給年輕作家建議時，強調設定正確的氣氛很重要。

「在聊到你的寫作時，使用的語言就像穿著睡衣和摯友一起坐在桌邊聊天，那樣的輕鬆自在。」

「但在編修文字時，要想像敵人就坐在對面，用字要精鍊、修正、重寫、縮短，讓文字更具體，這樣敵人才抓不到你的把柄。」

「如果想要得逞，做事就絕不能只做一半。要做得夠絕、
毫不保留。」

——《瑪蒂達》

羅德·達爾 ROALD DAHL

1916年
出生於英國威爾斯蘭達夫

1970年
出版《狐狸爸爸萬歲》

1990年
逝世於牛津·安葬於
英格蘭白金漢

1964年
出版《巧克力冒險
工廠》

1982年
出版《吹夢巨人》

羅德·達爾天生注定是個冒險家。他出生於英國威爾斯的蘭達夫，父母是挪威人。他的名字源自於羅德·阿蒙森——第一個抵達南極的探險家。

羅德很喜歡獨自一人的時光，騎著三輪腳踏車，在鄉間小路到處逛，一有機會就衝到糖果店。

但是，糖果店老闆總是把小孩當成小偷，三不五時就給羅德苦頭嘗。有一回，羅德發現一隻死老鼠，心中浮現了復仇計畫。

他把計畫稱為「大老鼠陰謀」，悄悄的把腐爛的老鼠放進裝糖果的大罐子中，可惜被活逮而遭到懲罰，不過這回惡作劇贏來同學的崇拜眼光。後來，羅德被送往寄宿學校——雖不是懲罰，但他始終覺得是如此。

羅德很想家，於是假裝罹患闌尾炎，順利返家。

但他還是聽母親的話，回到寄宿學校，忍受嚴格的校規、苛刻的環境和無所不在的霸凌。

羅德，
快！

想家的羅德每個星期日都會寫信給母親（她保留了每封信，一生共收到六百多封兒子寫來的信）。

羅德怪異的寫作風格飽受批評，曾有老師寫道：

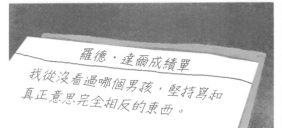

羅德·達爾成績單
我從沒看過哪個男孩，堅持寫和真正意思完全相反的東西。

從他早期寫的故事中，可看出他的想像力是多麼獨特，像是其中一則故事裡，有一臺機器會播放出古人的對話。

羅德寫下許多祕密日記，他大費周章的把它們藏起來，其中一本還裝在餅乾盒，再放進鹽洗包，最後掛在樹上最高的枝枒。

羅德也喜歡閱讀，母親會寄漫畫到學校給他；在家時，羅德則把百科全書裡的每一冊一讀再讀。

犰狳

羅德一輩子都愛吃糖果，糖果一直是他的靈感來源。

小時候，他會把所有的錢都拿去買長條甘草糖、水果棒棒糖和梨型糖。

當吉百利巧克力工廠送樣本到學校試吃時，羅德覺得彷彿置身天堂，他還會為最愛的口味，從牛奶到檸檬棉花糖評分。

長大後，他仍會在床下藏水果軟糖，以備不時之需。

「就我所知，大型巧克力公司的確有負責發明的部門，他們很認真看待發明這件事。我曾想像自己在這樣的實驗室上班……」

畢業後他放棄深造，動身旅行。他很想一睹凶猛的野生動物，體驗外國文化，這個心願在他擔任石油公司業務員時，終於得到機會完成。經過幾年的磨練後，他被派到東非。

非洲
坦尚尼亞
印度洋

羅德在非洲東部的坦尚尼亞如願見到獅子、鱷魚和黑曼巴蛇（一種大型毒蛇）。

不久，第二次世界大戰爆發，他接受徵召加入英國皇家空軍，才經過一天的訓練就單飛。

然而他墜機了，幸好保住一命，而這次事件也促使他走上寫作生涯。

傷勢復原後，羅德回到家鄉，認識了一名女演員，並與她結婚。

雖然沒有親赴戰場，但羅德仍爲空軍效力，不過工作成果並不理想。

後來，知名作家塞西爾·史考特·福雷斯特說服羅德把戰爭的經歷寫下來，這時的他才考慮以寫作爲職志。

他開始爲雜誌寫文章，並爲孩子說些天馬行空的故事。

像是關於山怪、巨人的睡前故事，還要孩子們喝下「巫婆湯」（用食用色素將牛奶染成綠色）。

家裡的狗、小雞、小馬、山羊和烏龜，都成了故事中的配角。

有一回，羅德的劇本稿約取消，他反而找到時間，完成寫童書的心願。他希望塑造出一個和一般人印象中不一樣的英雄，因此寫了個害羞男孩和大型昆蟲當朋友的故事。

JAMES AND THE GIANT PEACH
《飛天巨桃歷險記》

《飛天巨桃歷險記》起初在美國推出，得到的評語不佳也賣得不好；但這本書後來在英國推出時，卻馬上銷售一空，羅德一舉成爲知名作家。

羅德童年時對糖果的熱愛，成爲《巧克力冒險工廠》的靈感來源，他在書上實現擁有糖果帝國的夢想。

羅德在「點子簿」上隨手寫下故事開頭，好些角色在情節出現前，可能早已存在好幾年。他常在故事裡寫入太多角色，在修改時還得刪除一些。

等到記錄在點子簿裡的零星片段逐一發展成熟，羅德暢銷作品中的英雄與反派角色也都漸漸浮現出來。

羅德還寫了兩本回憶錄，一本是記述童年的《男孩：我的童年往事》，另一本則是《單飛：人在天涯》，訴說當年身為飛行員時的英勇事蹟。

1970
FANTASTIC MR. FOX
《狐狸爸爸萬歲》

1975
DANNY,
THE CHAMPION
OF THE WORLD
《世界冠軍丹尼》

1980

1982
THE
B F G
《吹夢巨人》

THE
TWITS
《壞心的夫妻消失了》

1988
MATILDA
《瑪蒂達》

每當完成一本書的那一刻，羅德總會擔心再也沒有好的靈感，寫作生涯將突然停止。

《吹夢巨人》是羅德的最愛。他在自己的孩子年幼時，曾模仿故事裡的巨人，在孩子上床睡覺後，把夢吹進他們的窗裡。

在羅德墳前，也能看見這位他最愛的角色。羅德‧達爾博物館的參訪者可順著水泥地上的巨大腳印，來到羅德的長眠之處。

羅德在生前就有許多寫作怪僻與意見。

他在花園建造一座小屋，獨自在黃色的橫線筆記本上寫作；每個月會生起火堆，燒掉不要的草稿。

他希望故事的第一句話就能抓住讀者的目光，而總是把標題留到最後。

羅德似乎認為，寫作是在做苦工。有人曾問起他的寫作過程，他俏皮的說：

「寫作大部分時間仍是揮汗如雨，不能光講靈感！」

「但他終於明白鄧不利多想告訴他的話。他心想,被拖進競技場和死神一搏,和抬頭挺胸、迎戰死神是不同的。」

——《哈利波特:混血王子的背叛》

J・K・羅琳 J. K. ROWLING

1965年
出生於英國
格洛斯特

1997年
《哈利波特:神祕的
魔法石》在美國出版

1998-2007年
出版「哈利波特」系列
的六本後續之作

2012年
出版《臨時空缺》

2015年
出版哈佛大學畢業演講《非常美好
的人生:失敗帶來的好處以及想像
力的重要》

Ｊ・Ｋ・羅琳本名喬安・羅琳，出生於英國西南部的格洛斯特，年幼時就喜歡說故事。但過了很久以後，她才把想當作家的祕密夢想說出來。

她在六歲時第一次編故事，內容描寫一隻長麻疹、臥病在床的兔子。

故事中，小兔子的大個兒鄰居「蜜蜂小姐」前來探望，幫牠打氣。

「我從那時候就想當作家，但很少說出口，因為擔心別人說我根本沒希望。」

喬安童年生活的平凡細節，常出現在日後作品中的奇幻場景，例如附近的火車站、樓梯下隱密的櫥櫃，還有九歲時舉家搬遷到小屋，附近的那一座「迪恩森林」。

喬安獨自在樹林漫步時，老覺得野外似乎表裡不一，表面上陰森，實際上卻讓內心深處感到平靜。這裡的環境成為「禁忌森林」的靈感來源，也就是「哈利波特」系列故事中，位於魔法學院後方的森林。

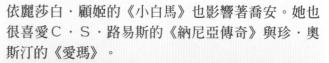

喬安的家裡很重視閱讀，每個房間裡都堆滿了書。

喬安很喜歡保羅‧葛里克的《無尾鼠》，牠集結了負鼠、兔子、袋鼠與老鼠的特色，得時時躲避可怕的曼島貓。

依麗莎白‧顧姬的《小白馬》也影響著喬安。她也很喜愛 C‧S‧路易斯的《納尼亞傳奇》與珍‧奧斯汀的《愛瑪》。

文學作品中，喬安最認同的英雄是《小婦人》裡的喬‧馬其，她倆的名字裡有一樣的字，而且脾氣一樣急躁，都一心想成為作家。

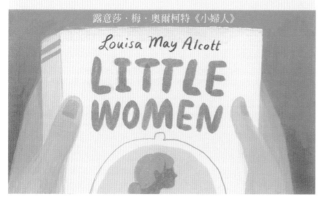

愛做白日夢的喬安與學校裡規定嚴格、缺乏變化的課程格格不入。她戴著厚重的眼鏡，臉上長著雀斑，加上缺乏運動細胞，大多和其他適應不良的學生或書蟲作伴。

少女時期的她也很害羞，不常參與課堂討論。畢業時同學曾舉辦票選，看誰未來最可能功成名就或成為百萬富翁，喬安獲選「最不可能坐牢」，一個不知道算不算讚美的獎項。

喬安的母親罹患重症，使得這段歲月顯得更加黯淡，寫作成了唯一不變的避風港。她開始動筆寫下哈利波特魔法世界的那一年，母親離開人世。

「哈利波特」系列的靈感是在一次搭火車的旅程中，列車暫時停靠時出現的。她凝視窗外，等待火車開動，忽然，一個男孩的形象從心中浮現。

他搭乘普通人看不見的魔法火車，前往巫術學校……喬安借了筆，迅速在餐巾紙上寫下這個點子。

無論清晨或深夜，她一有時間就撰寫故事，經常還是在旅行的途中書寫。

「我從未因為哪個點子而這麼興奮過！」

喬安在搭飛機時，想出了霍格華茲每個學院的名稱，趕緊寫在沒用過的嘔吐袋上。

但不是什麼都能得來全不費工夫。喬安為了幫巫師喜愛的運動命名，在筆記本上寫下滿滿五頁Q開頭的單字，最後才想到魁地奇(Quidditch)這個名稱。

母親去世後，喬安的日子越來越艱困。年紀輕輕的她離了婚，做過幾個工作，但都維持不久。她原本遷居國外，離婚後沒有多做打算，就決定搬回故鄉。

喬安不但失業，還是個單親媽媽，
日子過得相當辛苦，一度罹患憂鬱症。

1993年，喬安和妹妹在蘇格蘭愛丁堡過聖誕節。靠著救濟金度日的她，以一臺舊打字機，完成《哈利波特：神祕的魔法石》書稿。

她投稿到許多出版社，卻只收到退稿信。好不容易，終於等到出版社接受這份書稿。

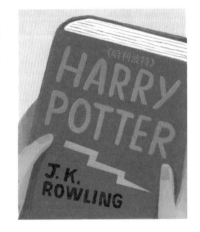

從哈利波特的點子出現，到第一本書出版，中間足足過了七年。即使出書了，寫作這份職業仍令她洩氣。她的第一家出版社說了句名言：「喬安，你不可能靠寫童書賺錢。」

兩年後，喬安靠版稅賺到第一個一百萬，「哈利波特」系列不斷打破出版史上的銷售紀錄。喬安持續以「哈利波特的世界」為主題，寫下相關的劇本和參考書。2010年，哈利波特主題樂園在美國佛羅里達州開幕。

如今，喬安已成為舉世聞名的大作家，但她沒有忘記當年的苦日子。年輕作家常請她給予建議，她的回答常是「不要怕吃苦」。

你就是得浪費許多樹木，才能寫出真正厲害的作品。

就是這麼回事！

「有時候，一場戰役即使沒有勝算，仍值得放手一搏。」
　　　　　　　　　　　　　　——《影子俠》

楊謹倫 GENE LUEN YANG

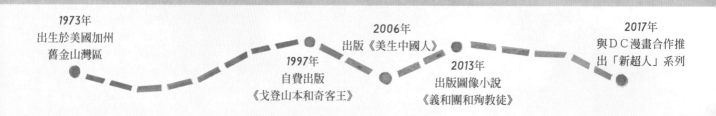

1973年
出生於美國加州
舊金山灣區

1997年
自費出版
《戈登山本和奇客王》

2006年
出版《美生中國人》

2013年
出版圖像小說
《義和團和殉教徒》

2017年
與ＤＣ漫畫合作推
出「新超人」系列

「其實，大多數人都覺得自己是局外者，而不是圈內人。
說來或許奇怪，這種感覺把我們聯繫起來。」

楊謹倫出生於美國加州，是第一代亞裔美國人。他的父母分別來自臺灣與香港，兩人在大學圖書館相遇，感覺是個好兆頭。

謹倫小時候的志願是成為迪士尼動畫師，但父母聽了並不覺得開心。他在五年級時開始看漫畫後，就沉迷於超級英雄，幾乎忘了其他的一切。

打算成為漫畫家的他，把時間都花在畫圖，令父母頗為失望。他們和孩子一樣喜歡故事，但認為興趣並不能當飯吃。

謹倫並未因為父母的反應而退縮。他和同學們一起做生意，編寫超級英雄的故事、畫成漫畫，再影印出來在學校販售。這次經驗讓年紀小小的他對自費出版稍微有了了解，日後也將如法炮製。

謹倫坦承他在青少年時期是個「標準的書呆子」；缺乏運動細胞，有氣喘，熱衷於電腦程式與收集漫畫，像是《睡魔》和《閃靈俠》。

謹倫就讀的中學，校內只有幾個華人學生。學校是個令他焦慮的牢籠，他在走廊時，背後總傳來種族歧視的羞辱話語。他很擔心大家的想法都和欺負人的惡霸一樣。

謹倫甚至想擺脫自己出身的文化，只想和大部分的人一樣。他以為只要有金色的捲髮，日子就會好過些。

高中時謹倫嘗試運動。他喜歡成為團隊裡的一分子，可惜再怎麼努力，進步卻很有限。謹倫後來開玩笑說道，他在不斷嘗試缺乏天分的事情時，學會了「堅忍的藝術」。

謹倫，加油！

啪！

直到上了大學，謹倫才發現身邊許多同學都是移民或移民的後代，他開始認同自己亞裔美國人的身分。

「我漸漸明白，從小感受到的不自在從何而來。原來覺得自己格格不入的，不只是我而已。那其實是普遍的現象。」

謹倫在大學時期專心攻讀計算機工程，畢業後在這個領域工作兩年，又靜下來重新思考未來。

他辭去原本的工作，到高中教授電腦科學。和青少年相處時，他回憶起小時候想成為漫畫家的雄心壯志。

謹倫開設「不起眼漫畫出版社」，印行自己的作品《戈登山本和奇客王》，初試啼聲就贏得瑟瑞克基金會獎金。

這是專為自費出版漫畫的創作者設立的獎項。謹倫獲獎後士氣大振，動手寫下更貼近自己的故事《美生中國人》，訴說身為局外人的經歷。

這本書由三個故事交織而成。第一個故事提到一個在美國出生的亞洲男孩，覺得自己無法融入新學校；第二個故事是母親和他說過的《美猴王》；第三個故事中則有一個名叫「欽西」的角色，具體代表了負面的種族偏見。

謹倫把作品影印後裝訂，自己販售這些漫畫書。

專門出版圖像小說的「第一秒鐘出版社」發現了謹倫作品的潛力，便與他簽約。這本書果然成為暢銷書，獲得諸多獎項，帶來更多新的機會。

他的下一部作品《義和團與殉教徒》醞釀了六年，這是依據中國義和團之亂寫成的兩冊歷史小說。

他也幫黑馬漫畫與DC漫畫等出版公司寫故事，並和不同的插畫家合作，這樣他就能專心寫作。

2016年，楊謹倫獲選「美國年輕人文學大使」，成為第一位獲得這項殊榮的圖像小說家。他前往世界各地演講，透過故事提倡同理心，十分受歡迎。白天忙於教學、夜晚樂於創作，他和許多超級英雄一樣，過著兩種不同的生活。

他還推出了「程式特攻隊」系列，主角透過程式設計，發揮運算邏輯的能力來解決難題。

他關注的焦點：

故事講究張力和衝突。我向來感到身為個人的我，與我所在的群體間有著深深的張力，因此我會在故事中呈現出來。

為什麼選擇圖像小說的形式？

文字與圖畫傳達情感的方式並不同，我希望透過圖畫，觸動讀者的內心深處，打破刻板印象。

「從前有四隻小兔子，小福、小毛、小白和彼得，牠們和媽媽住在大樅樹根底下的沙洞裡。」

——《小兔彼得的故事》

碧雅翠絲・波特 BEATRIX POTTER

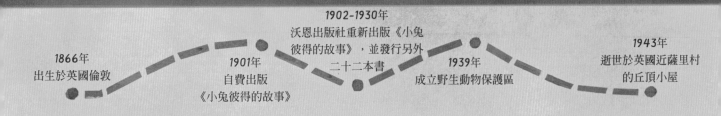

1866年
出生於英國倫敦

1901年
自費出版
《小兔彼得的故事》

1902-1930年
沃恩出版社重新出版《小兔彼得的故事》，並發行另外二十二本書

1939年
成立野生動物保護區

1943年
逝世於英國近薩里村的丘頂小屋

碧雅翠絲‧波特出生於英國，當時，女人寫作並不常見，但她會打破大家的預期，除了成為人人喜愛的故事作家，還成為創業家、科學插畫家、農場主人和野生動物保育者。

許多知名的後輩作家都曾提到，碧雅翠絲深深影響了他們。

碧雅翠絲在大城市倫敦成長，但唯有和家人到蘇格蘭鄉下度假時，才感到自在。碧雅翠絲和弟弟、家庭教師作伴，常覺得孤單。除了度假的時光，她的童年都在兒童房度過。

她閱讀各種寓言與童話，在書中找到朋友，把角色描摹到自己的速寫本上。

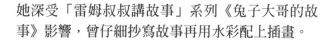

她深受「雷姆叔叔講故事」系列《兔子大哥的故事》影響，曾仔細抄寫故事再用水彩配上插畫。

碧雅翠絲花費很長的時間和各種寵物相處，她為動物寫生、取名、編故事來逗家人開心。她最疼愛的兔子叫「班傑明」，這隻兔子經過訓練，只要繫上項圈，就能牽著牠走。班傑明就是《小兔彼得的故事》的靈感來源。

碧雅翠絲的兒童房就像動物園，狗、貓、天竺鼠、馴化過的野鼠們在裡頭自由行動，她也會抓爬蟲類和昆蟲。

夏日旅遊時，碧雅翠絲堅持把所有寵物裝進籃子或箱子裡，一起帶去。

碧雅翠絲熱衷科學，如果寵物死了，她會克制悲傷。她曾把動物的骨頭煮沸，重新打造骨架，做進一步研究；也曾用剝製工具把稀有品種的蝙蝠做成標本；還會利用顯微鏡觀察，畫下昆蟲的細節。

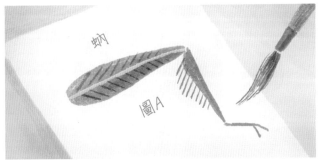

十幾歲時，碧雅翠絲利用密碼寫日記，記錄關於對社會和家庭生活的意見，常提到無法達成母親的期望而感到難過。波特女士希望女兒能注重社會地位，別只顧著繪畫技巧。

《小兔彼得的故事》

碧雅翠絲無意間寫下她最知名的故事。她寫信給家庭教師生病的孩子，信中交代完該說的事情後，編了一隻兔子的故事並配上插圖。但那時的她還沒打算成為作家。

碧雅翠絲和弟弟成立聖誕卡片公司，卡片上畫有戴禮帽、打領結的動物角色，生意興隆。賺到錢後，碧雅翠絲自費出版了《小兔彼得的故事》，並印製兩百五十本分送親友。

其實在此一年多前，幾家出版社拒絕了《小兔彼得的故事》的出版。不過，在沃恩出版社說服碧雅翠絲幫黑白插圖上色後，這本書獲得了重新出版的機會。

這幾本薄薄的書在出版的第一年就獲得廣大迴響，再版了六次之多。碧雅翠絲的作品十分豐富，在接下來的三十年又推出了二十二本書。她筆下的故事除了關於寵物的回憶，也有平日散步時對大自然的觀察。

碧雅翠絲收集真菌類的樣本拍照，畫了好幾百張精細的真菌類科學插圖，並寫下關於孢子祕密生命的理論。當時女性無法加入科學團體，因此她的研究是由林奈學會（學者討論自然史與分類法的園地）的真菌學者友人代為發表。

碧雅翠絲從小就夢想在鄉下居住。沒有結婚的她，無法靠丈夫提供資源，父母曾催她找個有錢的對象，但在書籍銷售一飛沖天後，碧雅翠絲靠著自己的力量，買下農場。

她開始製作彼得兔的周邊商品，例如兔娃娃、桌遊、故事場景的壁紙等，讓畫作出現在更多地方。因為賺了更多錢，她買下農場周圍的土地，讓這空間不會受到都市開發的波及。

碧雅翠絲的遺囑中，將土地贈與英國國民信託，由民間組織保護這好幾千畝的荒野，讓她最鍾愛的角色能有安穩的棲息地。

為什麼寫作？碧雅翠絲說：

「編故事是為了讓自己開心，因為我從不曾長大。」

「我們所在的地方是納尼亞王國，」人羊說，「從這
路燈柱到東海凱爾帕拉瓦宮的大城堡之間，都是王國
的範圍。」
　　　　　　　　　　　　——《獅子‧女巫‧魔衣櫥》

C・S・路易斯 C.S. LEWIS

1898年
出生於北愛爾蘭
貝爾法斯特

1919年
出版第一本詩集《靈魂的束縛》

1938-1945年
出版「太空三部曲」
系列

1950-1956年
出版《納尼亞傳奇》

1955年
出版回憶錄《意外
的驚喜》

1963年
逝世於英國牛津

克利夫‧斯戴普斯‧路易斯出生於北愛爾蘭，小時候的他非常喜愛打造物品。

由於出生時的缺陷，他的大拇指無法運用自如，除了鉛筆，他很難好好握住其他工具。

然而他很快發現，光憑一枝鉛筆就足以創造世界。

C‧S‧路易斯曾上過寄宿學校、歷經第一次世界大戰，之後進入學術界。他發現真正想說的事最好透過童書來傳達，而童年時快樂、渴望與神奇的回憶，深深影響他的作品。

只有叫我傑克，我才會回應。

路易斯四歲時，小狗傑克因車禍喪生，年幼的路易斯悲傷不已，便把名字改成和深愛的寵物一樣。

幸好有哥哥沃倫的陪伴，沃倫是他一輩子的摯友，兩人一起建造祕密基地，閱讀相同書籍。

《金銀島》羅伯特‧路易斯‧史蒂文森

（碧雅翠絲‧波特）

法蘭西絲‧霍森‧柏納《祕密花園》

他們最喜愛的故事裡常有會說話的動物、奇妙的花園與海上冒險。兄弟倆發明神奇的國度，畫出精細的地圖，讓這些地方彷彿真實存在。

沃倫在舊鐵盒裡裝入苔蘚和樹枝做成花園，這個禮物激發他們想像出「勃克森國」。接下來好幾年，兄弟倆都在不停編造這個故事：王國裡，穿著鎧甲的老鼠騎著駿馬大戰巨貓，還有渡過海洋的輪船。

但在沃倫去上寄宿學校時，無憂無慮的日子結束了。兄弟倆都過得不好，傑克在家非常孤單，沃倫也不適應嚴格的校規。幸好學校一放假，兄弟倆又能繼續打造幻想世界。

傑克在閣樓擺滿了書，從雜誌剪下文章與圖片，用膠帶貼到牆壁上，打造成私人書房。他用水彩盒中的每一種顏料，繼續描繪「勃克森國」，這樣他就能讓喜愛的事物時時陪伴身旁。

「我靠著長廊、陽光充足的空房、獨自探索的閣樓而存在。」

然而母親路易斯太太罹患重病，全家籠罩在一片陰影中，醫生在家裡進進出出，時間彷彿停止前進。傑克九歲時，母親離開人世。

失去母親的傑克，
安全感跟著瓦解。

悲傷的父親把兩個兒子都送往寄宿學校，傑克得忍受他人的鄙視與欺凌。他寫信請求父親讓他離開，兩年後總算如願以償。

傑克回家後開始自學。他的老師是知名的學者威廉·柯佩崔，在新老師的教導下，傑克的知識大有增長。

他們最喜歡的主題是史詩與北歐神話。傑克深愛北歐的寒冷與遼闊的空間，這些「北方特色」，日後將會出現在《納尼亞傳奇》中。

家人暱稱這位老師為「震撼大師」。

巴德爾的火葬船（北歐神話）

傑克進入牛津大學就讀，卻因第一次世界大戰爆發而中斷學業。他從軍打仗，受傷後退役。傑克開始寫詩，在詩作中描述戰爭的經歷。戰爭結束後，他回到牛津大學教學，身邊有許多作家、哲學家與詩人，大家交流想法，傑克因而找到心靈寄託。

人世間最美好的，莫過於友誼。
要不計代價，盡量住在離朋友近一點的地方。

一小群喜愛思考的人成立「跡象文學社」，每星期在附近的酒館聚會，分享近期的作品。他們誠實相待，給予彼此讚美與批評，在經過熱烈的討論後得到新想法，再寫下新故事與文章。跡象文學社成員包括傑克的哥哥沃倫、美國詩人喬伊·大衛曼（後來成為傑克的妻子）和托爾金（《哈比人歷險記》與「魔戒三部曲」系列的作者）。

傑克與托爾金的友誼為作品帶來深遠的影響。兩人同樣關注神學和宇宙學，討論過程中，托爾金給了傑克一個挑戰：寫幻想故事。兩位作家決定探索「科幻小說」，傑克專門寫行星探索，托爾金則寫時光之旅。

托爾金沒能完成最後的協議，但傑克創作出「太空三部曲」系列。

傑克還有許多想寫的東西。他回歸勃克森國度，覺得必須為孩子說個童話故事。他的腦海中浮現幾個畫面：撐傘的人羊、搭雪橇的女王和威武的獅子，之後，他便寫出七冊的「納尼亞傳奇」系列。

那是納尼亞的冬天，那裡一向只有冬天……

傑克也寫非小說類的書籍、文章與回憶錄。妻子過世後，他將悼念亡妻的幽暗歷程記錄下來，這就是他的最後一本書《卿卿如晤》。

從童年萌芽的點子，到「納尼亞傳奇」系列出版，中間足足過了半個多世紀。傑克建議寫作的人，所有寫過的東西都應該保留下來。

「想放棄某作品的片段時，先別把它扔了，放在抽屜就好，以後可能會派上用場。我最好的作品中，許多是重寫多年前動筆卻中途放棄的東西。」

「歌聲似乎隨著她移動，用旋律的力量托著她飄浮，讓她在星辰的光芒間移動。有一刻，她覺得光與暗不再有任何意義。」

——《時間的皺摺》

麥德琳‧蘭歌 MADELEINE L'ENGLE

1918年
出生於美國紐約

1945年
出版《小雨》

1962年
出版《時間的皺摺》

1973年
出版《銀河的裂縫》

1978年
出版《傾斜的星球》

1986年
出版《末日的逆襲》

2007年
逝世於康乃狄克州利齊菲爾德

「我一學會握鉛筆，就成了作家。」

麥德琳是家中獨生女，父母是作家與音樂家。在這背景下，她似乎天生就懂得欣賞文字中的韻律之美。

麥德琳的父母忙於工作，無暇陪伴，於是她嘗試自己書寫，當作娛樂。她在五歲時寫下第一篇故事，八歲時開始寫日記。不過，麥德琳早期的努力並未在學校獲得肯定，老師不只一次認為，她是個愚笨的孩子。

那是個黑暗的暴風雨夜……

她的身手不靈敏，運動編隊時，同學常常最後才選她。

她只好躲進自己的世界寫故事，沉迷於自己喜愛的書本。

《新月莊的艾蜜莉》

露西·莫德·蒙哥馬利《紅髮安妮》

書中生動的角色，讓麥德琳的心情隨著主角的喜怒哀樂而起伏。

麥德琳的父母不認同學校的教育，因此麥德琳經常轉學。

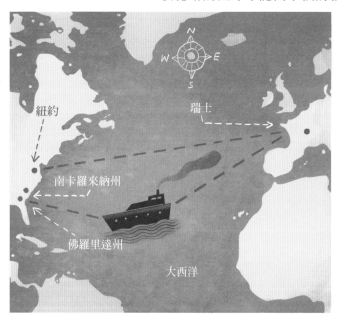

麥德琳深愛神話，讀遍世界各地的古老神話。她也喜歡莎士比亞，高中時曾嘗試演戲，老師發現了她的天賦，鼓勵她繼續往這條路發展。

麥德琳大學時研讀戲劇，後來進入劇場工作。她靠著演戲的收入支應生活開銷，只能趁清晨寫作。後來，她出版了兩部小說，但要靠寫作維生，仍是遙遠的夢想。

她和一名演員陷入愛河，婚後生了三個孩子。麥德琳暫停演出，搬到牛比人還多的鄉下居住。

這段期間，麥德琳發現了愛因斯坦的理論，對相對論感到興趣。

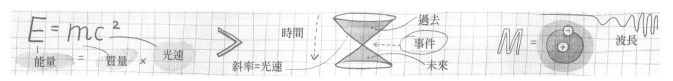

1959年，麥德琳陷入寫作低潮，她趁機展開一趟橫貫大陸的公路之旅。在沿途風景的刺激下，她的腦海中浮現量子力學的點子。

「車子駛過沙漠、小山與沒有樹木的山嶺……

忽然間，腦中出現『啥太太』、『誰太太』、『某太太』的名字。」

一回到家，麥德琳便開始動筆。

《時間的皺摺》是談到時間之旅和宇宙學的幻想作品。這本書起先被二十六家出版社退稿，最後終於出版。書中打破一些禁忌：主角是女性、主題被認為對孩子而言太過複雜。內容涵蓋的範圍很廣，難以歸類為科幻小說或奇幻故事。但出乎意料的是，這本書贏得了童書界的大獎——紐伯瑞文學獎。

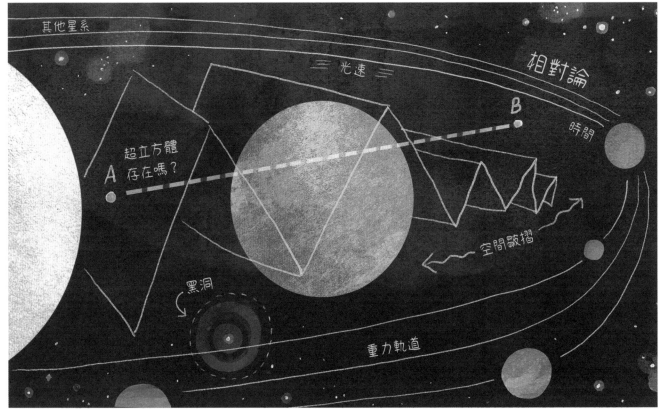

然而，麥德琳並沒有因為成名而一帆風順。《時間的皺摺》在好幾個城市成了禁書，許多大人無法理解這些孩子能輕易接受的事。

對有些孩子來說，這本書讓他們對未來的可能性產生新的想法。

太空人珍妮絲‧福斯小學時讀了《時間的皺摺》，啓發她對天文物理學的研究熱情。

珍妮絲獲得美國航太總署錄用後，曾寫信給麥德琳，詢問是否能在出任務時攜帶一本《時間的皺摺》，這本書因此成爲最早進入外太空的書籍之一。

接下來的二十年，麥德琳寫下後續之作，成爲「時光五部曲」系列，主題涵蓋細胞生物學的冒險，以及非線性時間的概念。

「我在學校時，總是想躲避科學課，但我會自己閱讀科學書，不是爲了課業而讀。當我得知光是一種粒子也是直線時，實在很著迷。」

《超時空之謎》

「時光五部曲」系列（《時間的皺摺》、《銀河的裂縫》、《傾斜的星球》、《末日的逆襲》、《超時空之謎》）出版後，每個星期都有好幾百封的書迷來信。

最年輕的作家提出的問題往往最難，會請教她關於生死和道德目的的看法。

有人請麥德琳爲科幻小說下定義。她回答：

「一切不都是科幻小說嗎？」

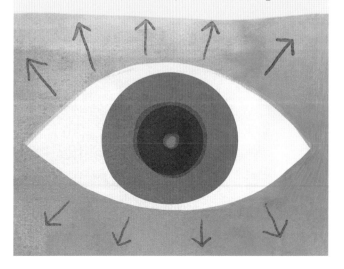

引文出處

馬克・吐溫 MARK TWAIN

第8頁 「我實在疲於撤退……」Kolb, *Mark Twain*, p. 75.

第9頁 「晚上七點開門……」Fleischman, *The Trouble Begins*, p. 138.

第10頁「他沒有知識……」Twain, *Autobiography of Mark Twain*, vol. 1, p. 276.

「若人出生時是八十歲……」 Phelps, *Autobiography, with Letters*, letter to George Bainton, October 15, 1888.

「接近正確的字與正確的字之間……」Twain Quotes. "Mark Twain Quotations— Difference," www.twainquotes.com/Difference.html, accessed March 12, 2018.

瑪雅・安吉羅 MAYA ANGELOU

第12頁「貝利是我的世界裡最棒的人。」Angelou, *Caged Bird*, p. 23.

「我愛吃鳳梨……」*Ibid.*, p. 17.

「我能鑽進音符間的空隙……」Johnson, *The Very Best of Maya Angelou*, p. 14.

第13頁「威力十足的旋風……」Angelou, *Caged Bird*, p. 98.

「在斯坦普斯度過的歲月……」*Ibid.*, p. 11.

第15頁「教學相長……」Lynn Okura, "Maya Angelou Master Class," *Huffington Post*, May 30, 2014.

「眼前的世界打開……」Jose R. Lopez, "Maya Angelou: 'On the Pulse of Morning,'" *New York Times*, January 21, 1993.

蘇斯博士 *DR. SEUSS*

第17頁 「我畫圖時……」Hilliard Harper, *"The Private World of Dr. Seuss: A Visit to Theodor Geisel's La Jolla Mountaintop," Los Angeles Times*, May 25, 1986.
「我看你永遠都別想學會畫畫……」*"Theodor Seuss Geisel," Major Authors and Illustrators for Children and Young Adults*, Gale, a Cengage Company, 2002, *Biography in Context*, http://ic.galegroup.com/ic/bic1/ReferenceDetailsPage/ReferenceDetailsWindow? display GroupName=Reference&zid=986b0cc501325802 bba4c8c541e7793a&p=BIC1&action=2&catId=GALE%7C00000000MRJB&documentId= GALE%7CK1617001313&source=Book mark&u=morenetfznms&jsid=9b85aaa, accessed November 26, 2017.
「既然畫不好……」*Ibid.*
第18頁 「那隻飛牛真好看……」Handy, *Wild Things*, p. 115.
第20頁 「我的點子來自於瑞士……」Nel, *Annotated Cat*, p. 26.

珊卓拉・西斯奈洛斯 *SANDRA CISNEROS*

第23頁 「我在黑夜寫作……」Cisneros, *House of My Own*, p. 743.
「我的同學來自全國最好的學校……」Warrick, *Sandra Cisneros*, p. 6.
第25頁 「我沒見過哪個結了婚的人……」Pilar E. Aranda Rodriguez, *"On the Solitary Fate of Being Mexican, Female, Wicked, and Thirty-Three: An Interview with Sandra Cisneros," Americas Review* 18 (Spring 1990): 64-80.
「在聊到你的寫作時……」Ruth Behar, *"Talking in Our Pajamas: A Conversation with Sandra Cisneros on Finding Your Voice, Fear of Highways, Tacos, Travel, and the Need for Peace in the World," Michigan Quarterly Review* 47, no. 3 (2008).

羅德・達爾 *ROALD DAHL*

第27頁 「我從沒看過哪個男孩……」Solomon, *Roald Dahl's Marvellous Medicine*, p. 63.
第28頁 「就我所知……」Dahl, *"Repton and Shell, 1929-36 (age 13-20): Chocolates,"* in *Boy: Tales of Childhood*, Kindle edition.
第30頁 「寫作大部分時間仍是揮汗如雨……」Cooling, *D Is for Dahl*, p. 117.

J · K · 羅琳 J. K. ROWLING

第32頁「我從那時候就想當作家……」J. K. Rowling, "The Not Especially Fascinating Life So Far of J. K. Rowling," www.accio-quote.org/articles/1998/autobiography.html, accessed September 6, 2018.

第33頁「文學作品中，喬安最認同的英雄是……」"J. K. Rowling: By the Book," New York Times, October 11, 2012.

第34頁「我從未因爲哪個點子而這麼興奮過！」Christopher Connors, "The Formula That Leads to Wild Success, Part 6: J. K. Rowling," The Mission, Medium.com, July 19, 2016.

第35頁「你就是得浪費許多樹木……」Linda L. Richards, "Profiles: J. K. Rowling," January Magazine, October 2000, januarymagazine.com/profiles/jkrowling.html.

楊謹倫 GENE LUEN YANG

第37頁「其實，大多數人都覺得自己是局外者……」Joshua Barajas, "This Chinese-American Cartoonist Forces Us to Face Racist Stereotypes," PBS News Hour, September 30, 2016.

第38頁「我漸漸明白……」Ibid.

第39頁「我記得我一直在想……」Christian Holub, "Gene Luen Yang Remembers 'American Born Chinese' Tenth Anniversary," Entertainment Weekly, September 6, 2016.

第40頁「故事講究張力和衝突……」Julie Bartel, "One Thing Leads to Another: An Interview with Gene Luen Yang," The Hub, YALSA, August 28, 2014.
「文字與圖畫傳達情感的方式並不同……」Ibid.

碧雅翠絲 · 波特 BEATRIX POTTER

第43頁「親愛的諾爾……」Mackey, Beatrix Potter's Peter Rabbit, p. 36.

第45頁「編故事是爲了讓自己開心……」Ibid., p. 133.

C・S・路易斯 *C. S. LEWIS*

第48頁 「我靠著長廊……」 Lewis, *Surprised by Joy*, p. 10.

第49頁 「人世間最美好的……」 C. S. Lewis, Letter to Arthur Greeves on December 29, 1935. *They Stand Together: The Letters of C. S. Lewis to Arthur Greeves (1914-1963)*. Edited by Walter Hooper. New York: Macmillan, 1979, p. 477.

第50頁 「想放棄某作品的片段時……」 Lewis, *Collected Letters*, vol. 3, p. 1108-9

麥德琳・蘭歌 *MADELEINE L'ENGLE*

第52頁 「我一學會握鉛筆……」 Tribute.ca, "Madeleine L'Engle True Story," www.tribute.ca/inspiration/madeleine-lengle-/144/121976, accessed December 4, 2017.

第54頁 「車子駛過沙漠……」 Andrew Liptak, "Madeleine L'Engle's *A Wrinkle in Time*," *Kirkus Reviews*, September 25, 2014, www.kirkusreviews.com/features/madeleine-lengles-i-wrinkle-timei.

第55頁 「我在學校時……」 Scholastic, "Madeleine L'Engle Interview Transcript," www.scholastic.com/teachers/articles/teaching-content/madeleine-lengle-interview-transcript, accessed December 4, 2017.

「一切不都是科幻小說嗎？」 Cynthia Zarin, "The Storyteller: Fact, Fiction, and the Books of Madeleine L'Engle," *The New Yorker*, April 12, 2004.

參考書目

Angelou, Maya. *I Know Why the Caged Bird Sings*. Reissue edition. New York: Ballantine Books, 2009.

Cisneros, Sandra. *A House of My Own*. Reprint edition. New York: Vintage Books, 2016.

Cooling, Wendy. *D Is for Dahl*. New York: Viking, 2005.

Dahl, Roald. *Boy: Tales of Childhood*. New York: Puffin Books, 2013. Kindle edition.

Dean, Tanya. *Who Wrote That? Theodor Geisel (Dr. Seuss)*. Philadelphia: Chelsea House Publishers, 2002.

Fleischman, Sid. *The Trouble Begins at Eight: A Life of Mark Twain in the Wild, Wild West*. New York: HarperCollins, 2008.

Handy, Bruce. *Wild Things: The Joy of Reading Children's Literature as an Adult*. New York: Simon and Schuster, 2017.

Hurtig, Jennifer. *My Favorite Writer: Beatrix Potter*. New York: Weigl Publishers, 2009.

Johnson, Frank. *The Very Best of Maya Angelou: The Voice of Inspiration*. CreateSpace Independent Publishing Platform, 2014. Kindle edition.

Klimo, Kate. *Dr. Seuss, The Great Doodler*. New York: Random House, 2016.

Kolb, Harold H., Jr. *Mark Twain: The Gift of Humor*. Lanham, MD: University Press of America, 2014.

Lear, Linda. *Beatrix Potter: A Life in Nature*. New York: St. Martin's Press, 2007.

Lewis, C. S., *The Collected Letters of C. S. Lewis*. Vol. 2, Books, Broadcasts, and the War, 1931-1949. San Francisco: HarperOne, 2005.

Lewis, C. S. *The Collected Letters of C. S. Lewis*. Vol. 3, Narnia, Cambridge, and Joy, 1950-1963. San Francisco: HarperOne, 2007.

Lewis, C. S. *Letters to Children*. Edited by Lyle W. Dorset and Marjorie Lamp Mead. New York: Scribner, 1996.

Lewis, C. S. *Surprised by Joy: The Shape of My Early Life*. New York: Harcourt, Brace, Jovanovich, 1966.

Mackey, Margaret. *Beatrix Potter's Peter Rabbit: A Children's Classic at 100*. Lanham, MD: Scarecrow Press, 2002.

Nel, Phillip. *The Annotated Cat: Under the Hats of Seuss and His Cats*. Annotated edition. New York: Random House Books for Young Readers, 2007.

Phelps, William L. *Autobiography, with Letters*. Oxford: Oxford University Press; 7th print edition, 1939.

Smith, Sean. *J. K. Rowling: A Biography*. London: Michael O'Mara Books, 2003.

Solomon, Tom. *Roald Dahl's Marvellous Medicine*. Oxford: Oxford University Press, 2017.

Twain, Mark. *Autobiography of Mark Twain*. Vols. 1-3. Oakland: University of California Press; 2012.

Warrick, Karen Clemens. *Sandra Cisneros: Inspiring Latina Author*. New York: Enslow Pub Inc., 2009.

文‧圖／伊莉莎白‧海德 （Elizabeth Haidle）

麥斯可出版社（Mascot Press）共同創辦人，專推出能激發思考的漫畫與動畫作品。她深愛有插圖的傳記和不太需要費心的園藝。她在十三歲時寫下第一本書，是關於壞脾氣妖精與寵物蝸牛的故事。她最喜歡的童書作者是比爾‧皮特（Bill Peet）。 現居美國俄勒岡州波特蘭。

個人網站：DocuComix.com

翻譯／呂奕欣

國立臺灣師範大學翻譯研究所筆譯組畢業，曾任職於出版公司與金融業，現專事翻譯。

廣泛閱讀

在他們成為世界知名作家之前：那些你意想不到的成長抉擇

文‧圖／伊莉莎白‧海德　翻譯／呂奕欣

國家圖書館出版品預行編目 (CIP) 資料

在他們成為世界知名作家之前：那些你意想不到的成長抉擇／伊莉莎白‧海德 (Elizabeth Haidle) 文．圖；呂奕欣翻譯． -- 初版． -- 新北市：小熊出版：遠足文化發行，2020.06
64 面；27.8×20.9 公分． -- (廣泛閱讀)
譯自：Before they were authors : famous writers as kids
ISBN 978-986-5503-39-0 (精裝)

1. 作家 2. 世界傳記 3. 通俗作品

781.054　　　　　　　　　　　　　　109005317

總編輯：鄭如瑤｜文字編輯：姜如卉
美術編輯：陳虹諭｜行銷主任：塗幸儀
社長：郭重興｜發行人兼出版總監：曾大福
業務平臺總經理：李雪麗｜業務平臺副總經理：李復民
海外業務協理：張鑫峰｜特販業務協理：陳綺瑩
實體業務經理：林詩富｜印務經理：黃禮賢｜印務主任：李孟儒
出版與發行：小熊出版‧遠足文化事業股份有限公司
地址：231新北市新店區民權路108-2號9樓
電話：02-22181417｜傳真：02-86671851

客服專線：0800-221029｜客服信箱：service@bookrep.com.tw
劃撥帳號：19504465｜戶名：遠足文化事業股份有限公司
E-mail：littlebear@bookrep.com.tw｜Facebook：小熊出版
讀書共和國出版集團網路書店：http://www.bookrep.com.tw
團體訂購請洽業務部：02-22181417 分機1132、1520
法律顧問：華洋法律事務所／蘇文生律師
印製：凱林彩印股份有限公司

初版一刷：2020年6月
定價：390元｜ISBN：978-986-5503-39-0

小熊出版官方網頁　　小熊出版讀者回函